BEI GRIN MACHT SICH IHR WISSEN BEZAHLT

- Wir veröffentlichen Ihre Hausarbeit,
  Bachelor- und Masterarbeit

- Ihr eigenes eBook und Buch -
  weltweit in allen wichtigen Shops

- Verdienen Sie an jedem Verkauf

Jetzt bei www.GRIN.com hochladen und kostenlos publizieren

Aktivierende Prozesse zum Konsumverhalten, Bestimmung von Kaufentscheidungstypen und Methoden der psychologischen Marktforschung

Madeleine Hartleff

Bibliografische Information der Deutschen Nationalbibliothek:

Die Deutsche Nationalbibliothek verzeichnet diese Publikation in der Deutschen Nationalbibliografie; detaillierte bibliografische Daten sind im Internet über http://dnb.d-nb.de abrufbar.

ISBN: 9783346471840
Dieses Buch ist auch als E-Book erhältlich.

© GRIN Publishing GmbH
Nymphenburger Straße 86
80636 München

Druck und Bindung: Books on Demand GmbH, Norderstedt Germany
Gedruckt auf säurefreiem Papier aus verantwortungsvollen Quellen

Das Buch bei GRIN: https://www.grin.com/document/1041453

Einsendeaufgabe

Aufgabe: A

im Studiengang Psychologie (B. Sc.)

im Fach Rahmenbedingungen der Markt- und Werbepsychologie

an der

SRH Fernhochschule – The Mobile University, Riedlingen

Verfasserin: **Madeleine Hartleff**

Inhaltsverzeichnis

Abkürzungsverzeichnis

CAPI	Computer Assisted Personal Interviewing
CATI	Computer Asstsited Telephone Interviewing
PAPI	Paper and Pencil Interviewing

Abbildungsverzeichnis

1 Aktivierende Prozesse

Innere psychische Vorgänge haben einen wesentlichen Stellenwert in der Erforschung des Konsumentenverhaltens. Es wird zwischen aktivierenden und kognitiven Prozessen unterschieden (Kroeber-Riel & Gröppel-Klein, 2019, S. 51). In dieser Arbeit werden ausschließlich die aktivierenden Prozesse betrachtet. Unter aktivierenden Prozessen verstehen Kroeber-Riel und Gröppel-Klein (2019) Abläufe, die mit inneren Erregungen und Erwartungen verbunden sind und Verhaltensweisen anregen. Die aktivierenden Vorgänge werden in unspezifische und spezifische Aktivierung (Emotion, Motivation und Einstellung) unterteilt (Kroeber-Riel & Gröppel-Klein, 2019, S. 51–52). Die Aktivierung ist die Basis dieser Prozesse und führt dazu, dass der Organismus in einen Status der Leistungsfähigkeit und -bereitschaft gesetzt wird (Foscht, Swoboda & Schramm-Klein, 2017, S. 37). Darauf aufbauend kann das Individuum, nach Kroeber-Riel und Gröppel-Klein (2019), die eigenen Emotionen wahrnehmen. Emotionen sind innere Erregungszustände, die meistens bewusst wahrgenommen werden und unterschiedliche Gefühle auslösen. Emotionen, die mit einer Zielorientierung in Bezug auf das eigene Handeln verschmelzen, werden zur Motivation. Darauf aufbauend entsteht eine Einstellung, wenn die Motivation mit der Wertung eines Gegenstands verbunden ist (Foscht et al., 2017, S. 37; Kroeber-Riel & Gröppel-Klein, 2019, S. 54–55). Dieser Zusammenhang ist in der Abbildung 1 veranschaulicht. Anschließend wird auf die einzelnen Bereiche, Aktivierung, Emotion, Motivation und Einstellung, im Kontext des Konsumentenverhaltens genauer eingegangen.

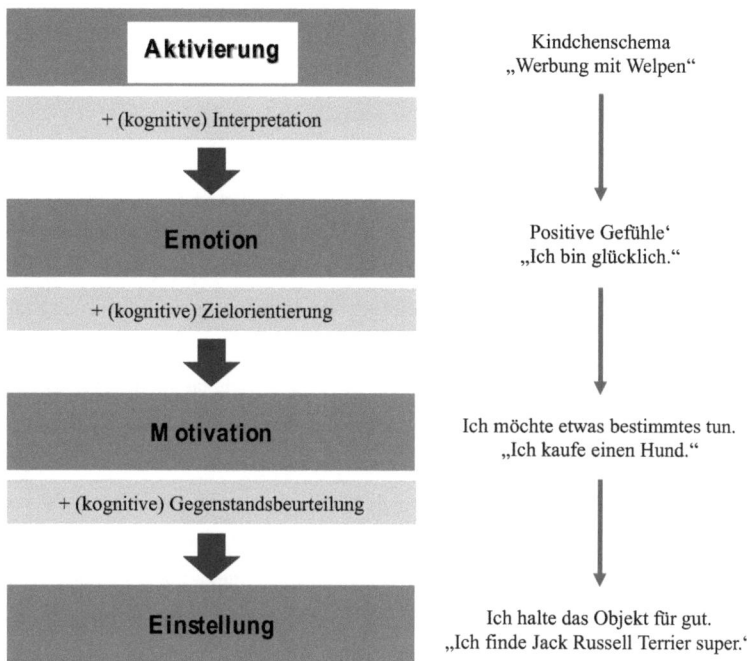

Abbildung 1: Zusammenhang zwischen Aktivierung, Emotion, Motivation und Einstellung

lung

(Quelle: Eigene Darstellung in Anlehnung an Foscht et al., 2017, S. 37; Kroeber-Riel & Gröppel-Klein, 2019, S. 55, 58)

1.1 Aktivierung

Die Aktivierung hängt eng mit den Funktionen des zentralen Nervensystems zusammen (Foscht et al., 2017, S. 38). Die Stärke der Aktivierung gibt einen Aufschluss über die Wachheit, Reaktionsfähigkeit und Leistungsfähigkeit eines Individuums (Kroeber-Riel & Gröppel-Klein, 2019, S. 60). In diesem Zusammenhang unterscheiden Foscht und Kollegen (2017) zwei Arten von Aktivierung: tonische und phasische Aktivierung. Die tonische Phase beschreibt den Grad der Wachheit und die allgemeine Leistungsfähigkeit. Die phasische Aktivierung betrachtet hingegen nur einen kurzfristigen Zeitraum. Dies kann die Reaktion auf einen speziellen Reiz sein, die zu einer Änderung der

Leistungsfähigkeit führt (Foscht et al., 2017, S. 38). Solche Reize können innenliegend (Stoffwechselvorgänge, Gedanken) oder außenliegend (Töne, Bilder, Texte, Gerüche) sein (Kroeber-Riel & Gröppel-Klein, 2019, S. 77–78). Kreutzer (2017) sowie Kroeber-Riel und Gröppel-Klein (2019) unterscheiden die Aktivierung durch äußere Reize in (1) emotionale Reize / affektive Stimuli, (2) kognitive Reize / kollative Stimuli und (3) physische Reiz / intensive Stimuli. Hinter emotionalen Reizen verbergen sich Schlüsselreize wie das Kindchenschema, Natur und Erotik. Schlüsselreize können ebenso Stimuli sein, die für ein einzelnes Individuum eine bestimmte Bedeutung haben, wie zum Beispiel eine blühende Alm für Wanderstiefel oder der Duft nach frischgemahlenen Kaffee für Kaffee. Wie an den zwei Beispielen deutlich wird, muss der Reiz nicht visuell wahrgenommen werden, sondern kann auch akustisch, olfaktorisch, taktil oder gustatorisch wahrgenommen werden. Kollative Stimuli sollen den Betrachter durch ihre Andersartigkeit zum Denken anregen. Dies kann durch einen gedanklichen Konflikt, eine Diskrepanz oder einen Wow-Effekt geschehen. Beispiele hierfür sind Rechtschreibfehler oder verfremdete Bilder. Physische Reize werden visuell durch das Abmaß oder die Farbtöne einer Werbekampagne ausgelöst. Akustisch können Reize durch eine besondere Melodie oder die Lautstärke Aufmerksamkeit erzeugen. Wie bei den affektiven Stimuli ist hier eine besondere Haptik, ein besonderer Geruch oder Geschmack ebenso anregend (Kreutzer, 2017, S. 51–52; Kroeber-Riel & Gröppel-Klein, 2019, S. 78). In den nachfolgenden Abbildungen wird zu jedem Stimuli ein Bild gezeigt und anschließend kurz beschrieben.

Kindchenschema   Kognitiver Reiz   Aktivierung durch Farbe

Abbildung 2: Beispiele für Werbekampagnen mit allgemeiner Aktivierung
(Quelle: Amazon, 2020a; Gianna, 2015; Heymannbrandt, o. J.)

Im linken Bild der Abbildung 2 geht es um eine Werbeanzeige von Cottonelle für feuchtes Toilettenpapier. In dieser wird das Kindchenschema mithilfe eines Labradorwelpen angewendet. Dem Kunden soll vermutlich suggeriert werden, dass das Toilettenpapier genauso weich ist wie das Fell des Welpen. Im mittleren Bild ist ein Plakat-Entwurf von Ritter Sport aus dem Jahr 2015 zu sehen. Bei dem Betrachtenden soll ein gedanklicher Konflikt hervorgerufen werden, da die wenigsten Personen eine Goldanlage mit Schokolade verbinden. Das rechte Bild stammt aus einer Kampagne der Berliner Stadtreinigung. Bei dieser Werbung erfolgt die Aktivierung u. a. durch den orange-farbenen Hintergrund.

Bei der Verwendung von Aktivierungsreizen ist immer darauf zu achten, dass diese akzeptiert werden und nicht zu einer Verwirrung beim Konsumenten führen und somit die Kaufentscheidung negativ beeinflussen (Kroeber-Riel & Gröppel-Klein, 2019, S. 83).

1.2 Emotion

Emotionen werden zu den spezifischen Aktivierungen gezählt und sind damit innere Erregungszustände (Kroeber-Riel & Gröppel-Klein, 2019, S. 94). Im Gegensatz zur Aktivierung zeichnen sich Emotionen dadurch aus, dass sie mehr oder weniger bewusst wahrgenommen werden, unangenehme und angenehme Gefühlsregungen auslösen können, neurophysiologischen Vorgängen zugrunde liegen und zum Teil von außen sichtbar sind (Foscht et al., 2017, S. 45; Kroeber-Riel & Gröppel-Klein, 2019, S. 94). Freude gehört zu den Grundemotionen und äußert sich innerlich in einem Gefühl des Wohlbehagens, äußerlich ist Freude durch die Gesichtsmimik erkennbar, die durch neurophysiologische Prozesse angeregt wird (Izard, 1999, S. 271–273). Weiter Basisemotionen sind Ärger, Ekel, Vertrauen, Angst, Traurigkeit, Überraschung oder Erwartung (Kroeber-Riel & Gröppel-Klein, 2019, S. 131–132). Im Marketing sind Emotionen ein zentraler Bestandteil, da diese die Leistungsbereitschaft des Konsumenten erhöhen und infolgedessen Informationen schneller verarbeitet und gespeichert werden können, als dies lediglich mit Aktivierung der Fall wäre (Foscht et al., 2017, S. 49; Kroeber-Riel & Gröppel-Klein, 2019, S. 134). Hierbei muss erwähnt werden, dass Konsumenten bewusst nach innerer Erregung, also Aktivierung, suchen in dem sie nach Erlebnissen streben (Kroeber-Riel & Gröppel-Klein, 2019, S. 137). Hierfür ist es notwendig, dass die Qualität der Emotionen angemessen ist und nicht in der Reizüberflutung des Alltags untergeht (Kroeber-Riel & Gröppel-Klein, 2019, S. 148; Orth, 2016, S. 20). Um Emotionen zu erzeugen, werden ebenfalls affektive Stimuli, kollative Stimuli und intensive Stimuli eingesetzt (Foscht et al., 2017, S. 49).

Ein Beispiel für emotionale Werbung ist der Weihnachtsclip von EDEKA aus dem Jahr 2015. In diesem Spot wird gezeigt, wie ein älterer Mann Weihnachtsgrüße seiner Familie gepaart mit einer Absage zum gemeinsamen Weihnachtsessen erhält. Anschließend versendet der ältere Herr Einladungen für seine eigene Beerdigung, um die gesamte Familie an Weihnachten um sich zu haben (*EDEKA Weihnachtsclip - #heimkommen*, 2015). In diesem Werbespot werden drei Emotionen genutzt: (1) Enttäuschung, (2) Traurigkeit und (3) Freude. Durch die Methode der „mixed emotions" hat es EDEKA geschafft, dass die Lebensmittelwerbung unter den anderen Werbespots nicht untergeht und zu einer „widerwilligen Bewunderung" führt (Kroeber-Riel & Gröppel-Klein, 2019, S. 150).

1.3 Motivation

Aus der Abbildung 1 geht bereits hervor, dass das Konstrukt der Motivation aus zwei Elementen besteht: Emotionen und Zielorientierung (Kroeber-Riel & Gröppel-Klein, 2019, S. 157). Demnach kann Motivation als ein gezieltes Streben nach Dingen und als ein Durchhaltevermögen bei der Ausübung von Beschäftigungen angesehen werden (Bak, 2019, S. 57). Kroeber-Riel und Gröppel-Klein (2019) sprechen von zielorientierten Antriebsprozessen. Gemeint ist damit, dass die inneren Erregungszustände mit kognitiven Prozessen in Interaktion treten und dadurch positive und negative Verhaltensweisen hervorrufen. So strengt sich ein Sportler bei den Meisterschaften mehr an, um ein Gefühl von Anerkennung und Stolz zu erfahren und keine negativen Gefühle, wie eine Niederlage erleben zu müssen. Motivation kann ebenso durch Triebe (z. B. Hunger, Durst, Sexualität) und ein entsprechendes Handlungsprogramm ausgelöst werden. Wenn bei einem Individuum Durst vorhanden ist, dann entscheiden jedoch die gespeicherten Einstellungen, welche Getränkemarke im Supermarkt ausgewählt wird (Kroeber-Riel & Gröppel-Klein, 2019, S. 157–158).

Um herauszufinden, welche Motive für einen Konsumenten beim Kauf von Produkten relevant sind, können die verhaltensübergreifenden oder die verhaltensspezifischen Konsumentenmotive herangezogen werden (Hoffmann & Akbar, 2019, S. 46). Nach einer Klassifikation der Konsummotive von Trommsdorff (2008) kann u. a. zwischen Sparsamkeit, sozialer Status, soziale Erwünschtheit, Erotik, Furcht und Dissonanz unterschieden werden (Trommsdorff, 2008, S. 114).

In der Abbildung 3 ist eine Werbekampagne eines Autohauses zu sehen. Die Produkt-
kommunikation spricht Menschen an, die gerne „shoppen" gehen und immer auf der Suche nach einem Schnäppchen sind. Gleichzeitig wird das Geltungsbedürfnis angespro-
chen (Foscht et al., 2017, S. 57), da es sich um ein sportliches Auto der gehobenen Mit-
telklasse handelt.

Abbildung 3: Werbebeispiel für spezifische Aktivierung – Motivation
(Quelle: POLIVOX Werbeagentur, 2015)

1.4 Einstellung

Damit der Motivation zu einem potenziellen Kauf eine Kaufabsicht folgt, bedarf es einer
positiven Einstellung gegenüber dem Produkt oder der Marke. Unter Einstellung verstehen Kroeber-Riel und Gröppel-Klein (2019) eine „subjektiv wahrgenommene Eignung
eines Gegenstandes zur Befriedigung einer Motivation" (S. 205). Das Konstrukt Einstellung ist für die Vorhersage und Erklärung von Käuferverhalten eine zentrale Variable, da
es sich über die Zeit verfestigt und nur schwer zu ändern ist (Foscht et al., 2017, S. 69).
Diese Sichtweise geht, laut Mayer (2005), auf die Ziel-Mittel-Analyse der Einstellung

zurück. Die Einstellungsbeeinflussung erfolgt, indem an ein Bedürfnis appelliert wird und anschließend darauf hingewiesen wird, dass dieses Produkt oder diese Marke das Bedürfnis stillen kann. Die Ziel-Mittel-Analyse nutzt aktuell die Marke Bose® für sich. Wie in Abbildung 4 zu sehen ist, wirbt Bose® gerade für Kopfhörer, die den Schlaf verbessern sollen (Bose, 2020). Es wird also an das Bedürfnis eines gesunden Schlafes appelliert. Und gesagt, dass dies mit den Sleepbuds™ II in Zukunft wieder möglich ist. Wer bereits mit der Noise-Cancelling Funktion von Bose® vertraut ist, hat eventuell bereits eine positive Einstellung gegenüber der Marke. Wenn nun noch das Bedürfnis nach einem ruhigen Schlaf hinzukommt, kann die Einstellung zu dem Produkt ebenfalls positiv ausfallen und eine Kaufabsicht entstehen.

Abbildung 4: Einstellungsbeeinflussung nach der Ziel-Mittel-Analyse
(Quelle: Euronics Trendblog, 2020)

Ein anderer Ansatz, der das Konstrukt Einstellungen beschreibt, ist das Drei-Komponenten-Modell nach Rosenberg und Hovland (1960). Dieses Modell besteht aus einer kognitiven, einer affektiven und einer konativen Komponente. Die kognitive Komponente bezieht sich auf das Wissen und die Gedanken zum Einstellungsobjekt. Die affektive Komponente betrachtet die Emotionen gegenüber dem Einstellungsobjekt und die konative Komponente betrachtet die Handlungen, die mit dem Einstellungsobjekt in Verbindung stehen (Rosenberg & Hovland, 1960; zitiert nach Hoffmann & Akbar, 2019, S. 91). Bezogen auf die Kopfhörer könnte dies wie folgt aussehen:

- Kognitive Komponente: Die Kopfhörer halten Geräusche von außen fern. Es ist möglich diese Kopfhörer 90 Tage zu testen.
- Affektive Komponente: Ein erholsamer Schlaf ist mir wichtig.
- Konative Komponente: Ich möchte die Kopfhörer kaufen und 90 Tage testen.

Abschließend lässt sich festhalten, dass die vier vorgestellten Prozesse der Aktivierung einzeln betrachtet werden können, aber eng miteinander verbunden sind, wie bereits aus der Abbildung 1 hervorgeht. Trotzdem ist es für die Arbeit im Bereich des Konsumentenverhaltens wichtig, die Grenzen zwischen den Konstrukten und ihre Wirkweise zu kennen. Ebenfalls ist es von Bedeutung, einen Überblick über die Art der Messungen dieser psychischen Prozesse zu haben. Aufgrund des begrenzten Platzes konnte auf diese Methoden jedoch nicht eingegangen werden.

2 Typen von Kaufentscheidungen

Die Konsumentenforschung unterscheidet vier Kaufentscheidungstypen entsprechend ihrer kognitiven Kontrolle. Extensive und limitierte (vereinfachte) Kaufentscheidungen sind stärker kognitiv kontrolliert und habitualisierte (gewohnheitsmäßige) und impulsive Kaufentscheidungen schwächer kognitiv kontrolliert (Kroeber-Riel & Gröppel-Klein, 2019, S. 389). Im nachfolgenden Text werden die vier Typen vorgestellt und jeweils anhand eines Beispiels erläutert.

2.1 Extensives Kaufverhalten

Bei hochwertigen und langlebigen Gebrauchsgütern wie Autos oder Haushaltsgeräte ist der Käufer zu Beginn meist noch unentschlossen, welches Produkt erworben werden soll (Felser, 2015, S. 156; Sander, 2019, S. 39). Bei diesem Verhalten wird von einem extensiven Kaufverhalten oder einer echten Entscheidung gesprochen (Kroeber-Riel & Gröppel-Klein, 2019, S. 396). Die extensive Kaufentscheidung ist ein komplexer Ablauf, bei dem emotionale und kognitive Prozesse dominieren (Kroeber-Riel & Gröppel-Klein, 2019, S. 389; Sander, 2019, S. 39). Dies macht sich darin bemerkbar, dass die Kundschaft eine mehrstufige Entwicklung durchläuft, bis die Entscheidung für ein Produkt gefallen ist (Sander, 2019, S. 39). Zu Beginn einer Kaufentscheidung steht die Suche nach Informationen (Wolff & Moser, 2002, S. 31). Die Informationen werden dabei, nach Foscht und Kollegen (2017), aus internen und externen Quellen gewonnen. Zu den internen Quellen gehören eigene Erfahrungen und bereits erworbenes Wissen. Extern holen sich die Konsumenten die Informationen bei Freunden oder bei dem örtlichen Fachhändler. Die Informationen können ebenso aus Fachmagazinen oder Fachforen/-blogs im Internet gewonnen werden. Die ersten Informationen kommen jedoch meist aus der Werbung oder von der Verpackung des Produktes. Als letzte externe Quelle sind Warentesturteile von Verbraucherzentralen zu nennen (Foscht et al., 2017, S. 171). Wenn die Informationsphase abgeschlossen ist, geht der Konsument in die Entscheidungsphase über (Wolff & Moser, 2002, S. 32). In der Entscheidungsphase werden die gefundenen Produkte und deren Eigenschaften miteinander verglichen und abschließend ein Produkt erworben (Felser, 2015, S. 157). Foscht und Kollegen (2017) beschreiben, dass bei der Produktauswahl zwischen vorhandenen Produktalternativen und bestimmten Eigenschaften von Produkten unterschieden wird. Bei der Betrachtung der Produktalternativen findet eine Kosten-Nutzen-Analyse statt. Das heißt, der Konsument betrachtet die Qualität und den Preis und entscheidet sich für das Produkt, was für sie oder ihn die beste Alternative darstellt. Hingegen werden bei der Betrachtung von Eigenschaften nur ausgewählte Attribute eines Produktes bewertet. Bei dieser Vorgehensweise gewichtet der Kaufinteressent die Produkteigenschaften nach eigenen Präferenzen (Foscht et al., 2017, S. 171). Für den Auswahlprozess hat Statt (1997) die heuristischen Regeln aufgestellt, nach denen negative Eigenschaften eines Produktes nicht durch positive ausgeglichen werden können. Bei der konjunktiven Regel legt der Konsument Grenzwerte für jede Eigenschaft fest, die nicht unterschritten werden dürfen. Wenn alle Produkte diesen Mindeststandard nicht erfüllen, muss der Verbraucher entscheiden, ob die Entscheidungsgrundlagen geändert werden oder nichts gekauft wird. Bei der disjunktiven Entscheidungsregel gibt es ebenfalls Grenzwerte, es muss jedoch nur eine der ausgewählten Eigenschaften den Mindeststandard erreichen, um gekauft zu werden. Wenn mehrere Eigenschaften den Grenzwert überschreiten, werden die Eigenschaften nach Wichtigkeit für den Konsumenten sortiert und anhand dessen eine Entscheidung für ein Produkt getroffen (Statt, 1997, S. 239–240).

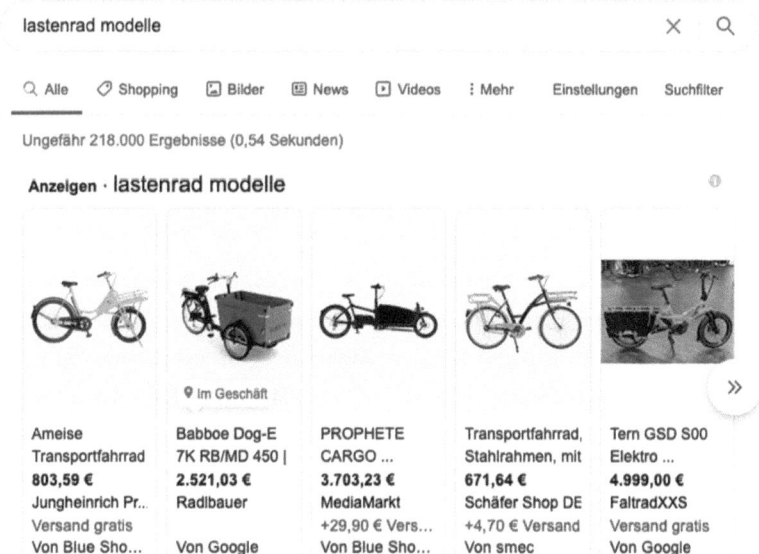

Abbildung 5: Extensives Kaufverhalten – Suche nach Lastenrädern bei Google
(Quelle: Google, 2020)

Wie bereits eingangs erwähnt, kommt es zu einem extensiven Kaufverhalten unter anderem bei dem Kauf langlebiger Güter. Theo interessiert sich bereits seit längerer Zeit für ein Lastenrad, aber hat sich noch nicht näher mit der Thematik beschäftigt. Durch eine Ausschreibung der Stadt über eine Kaufprämie für Lastenräder, entsteht der Wunsch nach einem eigenen Lastenrad. Zu Beginn sucht Theo nach Lastenrad-Modellen bei Google (siehe Abbildung 5) und liest Artikel in der ADFC-Zeitschrift zu Lastenrädern durch. Anschließend recherchiert er nach Händlern in der Nähe, um eine Probefahrt zu vereinbaren. Die Probefahrt ist für Theo wichtig, da es zwei Typen von Lastenrädern gibt: einspurige und zweispurige Räder. Über die Vor- und Nachteile der jeweiligen Rädertypen und ob eine elektrische Antriebsunterstützung sinnvoll ist oder nicht, beliest sich Theo in verschiedenen Internetforen. Aus diesen Informationen entsteht bereits eine Liste mit verschiedenen Eigenschaften, die Theo als wichtig erscheinen. Bei der Probefahrt werden die Eigenschaften explizit erfragt und getestet. Am Ende der Probefahrt und einem Gespräch mit dem Fachhändler hat sich Theo für ein Lastenrad entschieden, dass alle seine Anforderungen erfüllt und zudem in seinem preislichen Rahmen passt. Nach Erhalt des Lastenrades präsentiert Theo dieses Stolz seinen Freunden und der Familie und steht nun als Berater zur Verfügung.

2.2 Limitiertes Kaufverhalten

Wenn bereits mehrere Käufe innerhalb einer Produktgruppe getätigt wurden, kommt es bei dem Verbraucher zu einem limitierten Kaufverhalten, da nur noch ein geringer kognitiver Aufwand von Nöten ist (Wolff & Moser, 2002, S. 32). Jedoch hat der Käufer noch kein Produkt präferiert (Foscht et al., 2017, S. 172). Kroeber-Riel und Gröppel-Klein (2019) verstehen unter den limitierten Kaufentscheidungen Käufe, die geplant und überlegt wurden und dabei auf bereits erworbenes Produktwissen zurückgehen. Daraus ergibt sich, dass weitestgehend auf interne Informationen zurückgegriffen werden kann (S. 397). Der Konsument betrachtet somit nur noch eine begrenzte Auswahl von Alternativen, den sogenannten Evoked Set (Foscht et al., 2017, S. 172). Hingewiesen sei an dieser Stelle auf eine Studie von Alba und Hutchinson (2000). In dieser Studie konnte gezeigt werden, dass Verbrauchende ihre inneren Informationen Fehlinterpretieren, da diese häufig unvollständig oder fehlerhaft sind (S. 142). Dies führt nach Kroeber-Riel und Gröppel-Klein (2019) dazu, dass die oder der Käufer sich beim Bewusstwerden der fehlenden Informationen zusätzlich externe Informationen einholt. Diese Produktinfo orientiert sich jedoch an den im extensiven Kaufentscheidungsprozess deklarierten wichtigen

Produktattributen, die hier zu sogenannten Schlüsselinformationen werden. Diese Schlüsselinformationen werden anschließend mithilfe der Entscheidungsheuristiken eruiert und abschließend das subjektiv beste Produkt erworben (Kroeber-Riel & Gröppel-Klein, 2019, S. 397). Nach Sander (2019) wenden Kunden das limitierte Kaufverhalten auf mittel- bis hochpreisige Konsumgüter an (S. 39). Pispers, Rode und Fischer (2018) beschreiben hingegen, dass dieses Verhalten beim Online-Shopping ebenfalls erkennbar ist, jedoch bereits schon im niedrigpreisigen Segment. Dies ist zum Beispiel der Fall, wenn bei Amazon nach einem Artikel gesucht wird und statt nur den einen Artikel zu erwerben, die anderen Artikel unter dem Feld „Wird oft zusammen gekauft", wie in der Abbildung 6 dargestellt, gemeinsam erworben werden. Hierbei übernimmt die „Online-Beratung" durch Amazon die Rolle des Evoked Set. (Pispers et al., 2018, S. 44). Nachfolgend wird ein Beispiel für eine limitierte Kaufentscheidung beschrieben.

Wird oft zusammen gekauft

☑ **Dieser Artikel:** Die App – Sie kennen dich. Sie wissen, wo du wohnst.: Psychothriller von Arno Strobel Broschiert 15,99 €
☑ Der Heimweg: Psychothriller von Sebastian Fitzek Gebundene Ausgabe 22,99 €
☑ Identität 1142: 23 Quarantäne-Kurzkrimis von Sebastian Fitzek Gebundene Ausgabe 20,00 €

Abbildung 6: Limitierte Kaufentscheidung bei Amazon
(Quelle: Amazon, 2020b)

Susanne möchte gerne ihr altes Auto gegen ein neues, sparsameres Modell eintauschen. Da Susanne viel Wert auf Nachhaltigkeit legt, überlegt sie sich ein Elektroauto zu kaufen. Durch den Kauf ihres vorherigen Autos hat Susanne bereits ein gutes Wissen über Autos generell erworben. Dieses beschränkt sich jedoch auf kraftstoffbetriebene PKWs.Da Susanne mit ihrem BMW immer sehr zufrieden ist, betrachtet sie die Angebote anderer Autohersteller nicht und beschäftigt sich nur mit den Modellen dieser Marke. Dadurch beschränkt sich die Auswahl bereits auf wenige Modelle, wie in der Abbildung 7 zu sehen sind. Susanne ist es wichtig, dass das Auto stadttauglich ist und dennoch eine hohe

Reichweite hat. Nachdem Susanne diese Kriterien für sich ausreichend bewertet hat, konfiguriert sie sich ihr neues Auto, um es bei ihrem Autohändler des Vertrauens zu bestellen.

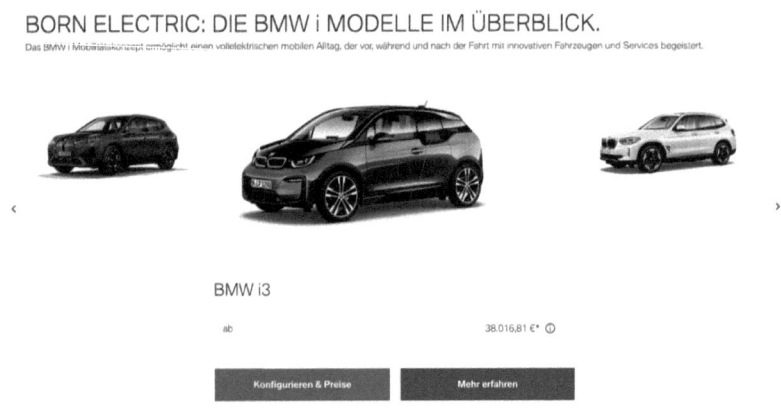

Abbildung 7: Limitiertes Kaufverhalten – Elektroautos der Marke BMW
(Quelle: BMW AG, 2020)

2.3 Habituelles Kaufverhalten

Wenn Verbraucher immer wieder zu den gleichen Produkten greifen, wird von habituellen Kaufverhalten oder Gewohnheitskauf gesprochen (Kroeber-Riel & Gröppel-Klein, 2019, S. 404). Nach Kroeber-Riel und Gröppel-Klein (2019) kennzeichnet sich das habituelle Kaufverhalten durch ein stark reduziertes Entscheidungsverhalten, das sich in einer geringen kognitiven und affektiven Beteiligung bemerkbar macht. Der dominante Prozess ist das reaktive Verhalten, also das mechanische Reagieren in der Kaufsituation (Kroeber-Riel & Gröppel-Klein, 2019, S. 389, 404–405). Durch diesen Prozess entsteht bei den Verbrauchern weitestgehend Markentreue (Wolff & Moser, 2002, S. 32). Habitualisiertes Kaufverhalten kann aus vorherigen extensiven oder limitierten Kaufentscheidungen hervorgehen oder aus einem impulsiven Kauf entstehen (Foscht et al., 2017, S. 176). Meistens betrifft der Gewohnheitskauf jedoch Produkte des täglichen Lebens, wie Lebensmittel oder Drogerieartikel (Felser, 2015, S. 159).

Entsprechend Kroeber-Riel und Gröppel-Klein (2019) lassen sich drei Entstehungsarten für Gewohnheitskäufe unterscheiden (S. 405-406): (1) Habitualisierungsneigung als Persönlichkeitsmerkmal, (2) Habitualisierung durch eigene Gebrauchserfahrung und (3) Habitualisierung durch Übernahme von Gebrauchserfahrungen. Foscht und Kollegium (2017) schreiben, dass Habitualisierung als Persönlichkeitsmerkmal verstanden werden kann, wenn der Drang verspürt wird, das Leben so einfach wie möglich zu gestalten. Die oder der Konsumierende möchte durch eine Markentreue ein möglichst geringes Risiko eingehen (Foscht et al., 2017, S. 176) sowie Zeit sparen, die in Dinge investiert werden kann, die ein höheres Involvement benötigen (Kroeber-Riel & Gröppel-Klein, 2019, S. 405). Kroeber-Riel und Gröppel-Klein (2019) weisen darauf hin, dass es aus der Persönlichkeitspsychologie noch keine eindeutigen Belege für eine Habitualisierung als Persönlichkeitsmerkmal gibt (S. 405). Habitualisierung durch eigene Gebrauchserfahrungen wird dadurch charakterisiert, dass die Verbrauchenden mit einem bestimmten Produkt immer wieder positive Erfahrungen machen (Kroeber-Riel & Gröppel-Klein, 2019, S. 406). Dies passiert zum Beispiel, nachdem ein Konsument sich im extensiven Kaufverfahren ausführlich mit einem Produkt beschäftigt hat und im Lauf der Zeit wiederholt positive Erfahrungen gemacht hat (Foscht et al., 2017, S. 176). Durch diesen Lernprozess entsteht im Laufe der Zeit eine Habitualisierung und das Produkt wird gewohnheitsmäßig gekauft (Kroeber-Riel & Gröppel-Klein, 2019, S. 406). Als Beispiel ist der wiederholte Kauf eines Apple iPhones zu nennen. Eine Habitualisierung kann aber ebenso aus dem Beobachten anderer Personen wie den eigenen Eltern, hervorgehen (Foscht et al., 2017, S. 176). Für den Erstkauf eines solchen Produktes liegen Empfehlungen von anderen Konsumenten vor, an denen sich orientiert wird (Kroeber-Riel & Gröppel-Klein, 2019, S. 406).

Im nachfolgenden wird die Habitualisierung von Kaufverhalten anhand eines Einkaufes im Supermarkt erläutert. Christian und seine Frau haben Freunde zum Weißwurst-Frühstück eingeladen. Da Christian regelmäßig den Wocheneinkauf übernimmt, ist es für ihn selbstverständlich, für dieses Frühstück einzukaufen. Auf dem Weg durch den Supermarkt kommt Christian zuerst an dem Regal mit den verschiedenen Bieren vorbei. Da außer ihm niemand ein Weißbier möchte, greift Christian, ohne nachzudenken zu dem „Lammsbräu Weisse alkoholfrei". Am Regal mit den Weißwürsten muss Christian ebenfalls nicht nachdenken, da es nur eine Sorte zu kaufen gibt. Bei dem Süßen Senf greift Christian automatisch zu dem Senf von Händlmaier, weil die eingeladenen Freunde diesen ebenfalls nutzen. Die Brezeln kauft das Paar am Sonntagmorgen frisch bei ihrem Bäcker des Vertrauens.

2.4 Impulsives Kaufverhalten

Der letzte Kaufentscheidungstyp ist das impulsive Kaufverhalten. Bei einer impulsiven Kaufentscheidung entscheidet die oder der Verbrauchende sich spontan für ein Produkt, weil das Produkt in diesem Moment Anklang bei dem Konsumierenden findet (Kroeber-Riel & Gröppel-Klein, 2019, S. 409). Es findet somit eine geringe kognitive Auseinandersetzung mit dem Produkt statt (Sander, 2019, S. 39). Stattdessen kann von einer hohen Emotionalität und einem direkten reizgesteuerten Handeln ausgegangen werden (Wolff & Moser, 2002, S. 32–33). Die oder der Konsumierende verlässt sich in dieser Situation auf die eigene innere Stimme, da dies zu einer hohen Zufriedenheit mit der Kaufentscheidung führt (Kroeber-Riel & Gröppel-Klein, 2019, S. 411). Laut Wolff und Moser (2002) finden Impulskäufe nicht nur im niedrigen Preissegment statt, sondern ebenso bei hochpreisigen Produkten, wie Smartphones oder teurer Kleidung (S. 33). Dieses Verhalten wird durch die Kaufumwelt gefördert (Felser, 2015, S. 157). Diese Reize können durch die Gestaltung des Schaufensters auf den Konsumierenden wirken (Kroeber-Riel & Gröppel-Klein, 2019, S. 414) oder durch die Platzierung und Präsentation der Produkte im Markt (Foscht et al., 2017, S. 177). Weitere Reize sind die Gestaltung der Verpackung (Foscht et al., 2017, S. 177). Bei den limitierten Kaufentscheidungen klang bereits das Beispiel Kaufempfehlungen durch eine Online-Beratung an. Kroeber-Riel und Gröppel-Klein (2019) sehen in diesem Beispiel aus der Abbildung 8 kein Evoked Set, sondern die „Förderung von Impulskäufen durch Collaborative Filtering" (Kroeber-Riel & Gröppel-Klein, 2019, S. 415).

Entsprechend Foscht und Kollegen (2017) gibt es drei Ursachen für impulsives Kaufverhalten (S. 179): (1) Impulsivität als Folge der Reizsituation, (2) Impulsivität als Folge psychischer Prozesse und (3) Impulsivität als Persönlichkeitsmerkmal. Bei dem ersten Punkt wird der Konsument zum Beispiel durch eine Display Aktion eines Getränkeherstellers getriggert und kauft hierdurch spontan das Getränk. Impulsivität als Folge psychischer Prozesse tritt ein, wenn bestimmte positive Emotionen mit dem erworbenen Produkt erzeugt werden sollen. Impulsivität als Persönlichkeitsmerkmal ist gekennzeichnet durch mangelnde Selbstbeherrschung. Wenn zu fehlender Disziplin beim Einkaufen negative Gefühle wie Schuld oder Scham hinzukommen, wird von einer Kaufsucht gesprochen (Foscht et al., 2017, S. 179).

Abbildung 8: Förderung von Impulskäufen durch Amazon
(Quelle: Amazon, 2020c)

Wenn Personen nach einem typischen Beispiel für Impulskäufe gefragt werden, dann kommt meistens sehr schnell als Antwort „Einkaufen bei Ikea". Hannah benötigt für ihr Studentenappartement noch einen Schreibtisch. Da das Budget klein ist, fährt sie mit ihrer Mutter zu einem großen Möbeldiscounter. Da Hannah um die Wirkung des Ikea-Labyrinthes weiß, geht sie mit ihrer Mutter zielstrebig zu der Abteilung mit den Schreibtischen. Nachdem der Schreibtisch ausgesucht ist, geht es nach unten in die sogenannte Markthalle. Hier entdeckt Hannah zwei Bilderrahmen, die sie in den großen Einkaufswagen legt. Anschließend kommt Hannah mit ihrer Mutter noch an den Pflanzen vorbei. Da Hannah es gerne grün um sich hat, gibt es noch drei kleine Pflanzen für die neue Wohnung. Nach ein paar Tagen hängen die Bilderrahmen mit Fotos der Freunde und Familie an der Wand und die Pflanzen haben ebenfalls ihren Platz gefunden. Hannah ist glücklich mit ihrem Kauf bei Ikea.

3 Psychologische Marktforschung

Bei der psychologischen Marktforschung wird in der Literatur auch von Konsumentenforschung geredet (Hoffmann & Akbar, 2019, S. 16). Dies begründet sich darin, dass das
Erleben und Verhalten des Konsumenten erforscht wird (Singh, Göritz & Moser, 2002,
S. 162). Da der Konsument je nach Produkt unterschiedliche Motive, Einstellungen, Erwartungen, Vorstellungen, Wünsche oder Bedürfnisse hat, bedarf es einer Analyse der
aktivierenden und kognitiven Prozesse des Verbrauchers (Hoffmann & Akbar, 2019,
S. 16; Singh et al., 2002, S. 162). Für die Untersuchung bieten sich qualitative und quantitative Forschungsdesigns an. Dabei untersucht, nach Steffen und Doppler (2019), die
quantitative Forschung anhand von großen Datenmengen eine Forschungsfrage. Die Ergebnisse werden dabei mithilfe von Zahlen ausgedrückt. Hingegen werden bei der qualitativen Forschung aktivierte und kognitive Prozesse an einer kleinen Stichprobe untersucht, um Erkenntnisse in bisher wenig erforschten Bereich zu erlangen (Steffen &
Doppler, 2019, S. 1). In der Literatur wird im Regelfall zwischen drei Verfahren unterschieden (Altobelli, 2017, S. 33–37): (1) qualitative Studien, (2) deskriptive Studien und
(3) kausale Studien. Diese Methoden werden im nachfolgenden Text näher beschrieben.

3.1 Qualitative Forschung

Bei der qualitativen Forschung wurde durch die Forschenden noch keine Hypothese for-
muliert und es steht noch nicht fest, was genau untersucht werden soll (Bak, 2019,
S. 184). Die Untersuchungen werden im Regelfall bei innovativen, multidimensionalen
und unzureichend operationalisierten Forschungsproblemen verwendet (Altobelli, 2017,
S. 33). Dadurch ergibt sich, dass die Untersuchungen weitgehend offen sind und die Probanden frei in ihren Antworten sind (Hoffmann & Akbar, 2019, S. 19).

Die qualitative Marktforschung hat zum Ziel Entscheidungshilfen und Handlungsanwei-
sungen für das Marketing und die quantitative Marktforschung zu geben (Balzer, 2007,
S. 6; Holzmüller & Buber, 2009, S. 7). Mithilfe der qualitativen Marktforschung werden,
laut Holzmüller und Buber (2009), außerdem Einblicke in Sachverhalte und Vorgänge
gegeben, die ansonsten im verborgen geblieben wären. Wie etwa Gedanken und Gefühle
einer Person oder die Motive bei einer Kaufentscheidung (Holzmüller & Buber, 2009,
S. 7–8). Es muss jedoch beachtet werden, dass die Probanden vor allem bei ihnen unan-
genehmen Themen eher dazu neigen, eine falsche Angabe oder sozial erwünschte

Angaben zu tätigen (Singh et al., 2002, S. 164). Nichtsdestotrotz bleibt die qualitative Forschung lebens- und praxisnah (Steffen & Doppler, 2019, S. 3).

Zu den Aufgaben der qualitativen Marktforschung gehört es, Beziehungen zwischen Variablen ausfindig zu machen (Kuß & Kleinaltenkamp, 2020, S. 94). Dabei kann das Individuum betrachtet werden, oder das Verhalten in einer Gruppe (Magerhans, 2016, S. 169). Bei der Betrachtung einer Einzelperson kann ein Interview angewendet werden. Dabei unterscheiden Hoffmann und Akbar (2019) zwischen fokussierten, explorativen und Tiefeninterviews (S. 20). Bei allen drei Interviewformen stellt der Interviewer eine Eingangsfrage und hält sich dann mit weiteren Fragen mehr oder weniger zurück und lässt dem Probanden das Wort (von Rosenstiel & Frey, 2007, S. 73). Kuß, Wildner und Kreis (2018) sehen in Tiefeninterviews den Vorteil, dass die einzelnen Aussagen klar einer Person zuzuordnen sind. Weiterhin wird erwähnt, dass die Teilnehmenden durch die Fragen des Interviewenden Gedanken und Gefühle preisgeben, die den Versuchspersonen ansonsten nicht bewusst gewesen wären oder ihnen als unwichtig erscheinen würden. Somit können komplexe psychische Prozesse aufgedeckt werden (Kuß et al., 2018, S. 55–56).

Gruppendiskussionen werden hingegen meistens mit sechs bis zehn Personen durchgeführt (Kuß & Kleinaltenkamp, 2020, S. 98). Laut Vogl (2019) werden geplante Gruppendiskussionen genutzt, um die Einstellungen von Probanden zu einem bestimmten Thema zu erfragen. Dabei soll die Diskussion den Charakter eines alltäglichen Gespräches haben, in dem neben Argumenten auch Erinnerungen und Erlebnisse ausgetauscht werden sollen (Vogl, 2019, S. 695). Nach Stoltman und Gentry (1992) kann das gewonnene Material dazu genutzt werden, Ideen zu generieren oder das Vokabular einer Gruppe in Bezug auf ein Produkt zu erlernen (Stoltman & Gentry, 1992; zitiert nach Burns, Veeck & Bush, 2017, S. 149). Die Vorteile einer Gruppendiskussion liegen nach Vogl (2019) darin, dass die tieferliegenden Einstellungen der Rezipienten zum Vorschein kommen, da die eigene Meinung in der Diskussion verteidigt wird oder überdacht wird (S. 696). Burns und Kollegen (2017) ergänzen, dass der Zugang zu speziellen Befragungsgruppen wie Ärzten oder Juristen durch diese Methode einfacher wird (S. 151).

Eine weitere Methode für qualitative Studien sind die protektiven Verfahren. Singh und Kollegium (2002) schreiben, dass protektive Verfahren zum Kreieren von neuen Impulsen und Fragen sowie zur umfassenden Betrachtungen des Erlebens und Verhalten eingesetzt werden. Die Verfahren gehen dabei auf die Psychoanalyse von Freud zurück. Die

Probanden erhalten dabei mehrdeutige Impulse, die sie je nach Technik ergänzen oder vervollständigen sollen. Hierdurch kann auf die Einstellungen und Motive des Rezipienten geschlossen werden (Singh et al., 2002, S. 168).

Bevor ein Beispiel für die qualitative Marktforschung vorgestellt wird, sei erwähnt, dass bei der qualitativen Forschung beachtet werden muss, dass diese sehr zeitaufwendig ist und die Ergebnisse durch die kleine Stichprobengröße nicht repräsentativ sind (Magerhans, 2016, S. 167).

Eine Abrechnungszentrale für Hebammen möchte gerne eine neue Dienstleistung für ihre Hebammen auf den Markt bringen. Da der Kontakt zu Hebammen durch die eigenen Produkte, Messen und Weiterbildungsangebote bereits besteht, wird angeregt einige Hebammen für eine Gruppendiskussion einzuladen. Das Ziel dieser Fokusgruppen ist, die Bedürfnisse dieser speziellen Berufsgruppe im Softwarebereich besser kennenzulernen. Während dieser Gruppendiskussion klingt immer wieder an, dass die Hebammen sich in ihrer Dokumentation sehr stark an den Mutterpass halten müssen, aber es in der Schwangerschaft wie auch im Wochenbett immer wieder Punkte gibt, die vergessen werden abzufragen, da diese nicht im Mutterpass stehen und trotzdem wichtig sind. Weiterhin wird als Problem die Weitergabe der Patientenakte in Papierform im Vertretungsfall genannt. Im Laufe der Diskussion kommt das Gespräch auch auf die Terminverwaltung und den Zeitdruck. Das Unternehmen konnte feststellen, dass die Hebammen je nach Alter der Digitalisierung mehr oder weniger positiv gegenüberstehen. Es konnte weiterhin herausgefunden werden, dass die Hebammen Dokumentation für die eigene Rechtssicherheit wichtig finden, ihnen aber wertvolle Zeit bei der Patientin verloren geht. Hieraus ergeben sich für das Unternehmen gute Ideen für ein Dokumentationssystem.

3.2 Deskriptive Forschung

Die deskriptive Forschung beschreibt in der Marktforschung, wer, was, wann, wo und wie erworben hat (Burns et al., 2017, S. 98). Dazu ist es notwendig, im Vorfeld Hypothesen aufzustellen, die mit diesem Studiendesign überprüft werden (Altobelli, 2017, S. 35). Die Ergebnisse werden anschließend in Häufigkeiten ausgedrückt (Koch, Gebhardt & Riedmüller, 2016, S. 40). Jedoch kann mit dieser Methode kein Ursache-Wirkungs-Zusammenhang erläutert werden, sondern nur eine Aussage über die Grundgesamtheit getroffen werden (Felser, 2015, S. 417; Singh et al., 2002, S. 164). Wenn die Stichprobe ausreichend groß war und somit als repräsentativ gilt, kann mit den Daten eine Vorhersage, bezogen auf die Hypothese, getroffen werden (Kuß et al., 2018, S. 32).

Nach Burns und Kollegen, (2017) wird in der deskriptiven Forschungsstudie zwischen Längsschnitt- und Querschnittstudien unterschieden. Unter Querschnittsstudien werden Untersuchungen einer großen Stichprobe zu einem bestimmten Zeitpunkt verstand. Beispiele hierfür sind, wenn die Konsumenten eines Supermarktes nach ihrer Postleitzahl gefragt werden, um einordnen zu können, woher die Zielgruppe kommt. Hingegen werden bei Längsschnittstudien die Messungen an einer Stichprobe zu unterschiedlichen Zeitpunkten wiederholt. Längsschnittstudien werden von Unternehmen gerne durchgeführt, um die Einstellung der Konsumenten zu einem Produkt oder einer Marke über einen definierten Zeitraum zu beobachten und so bei Änderungen gegebenenfalls reagieren zu können (Burns et al., 2017, S. 99–100). Um Fehler zu vermeiden und möglichst genaue Ergebnisse zu erhalten, werden bei deskriptiven Untersuchungen standardisierte Verfahren eingesetzt (Kuß et al., 2018, S. 33). Das heißt entsprechend nach Döring und Bortz (2016), dass die Anzahl und die Reihenfolge der Fragen immer gleich bleibt. Weiterhin ist der Wortlaut der Fragen immer identisch und die Antwortmöglichkeiten sind bis auf wenige Ausnahmen vorgegeben (Döring & Bortz, 2016, S. 322–323).

Deskriptive Studien werden demnach mit Befragungen durchgeführt. Der Fragebogen kann dabei in verschiedenen Formen vorliegen, wie zum Beispiel schriftlich per Post oder als Online-Fragebogen oder mündlich als persönliches Interview oder Befragung am Telefon (Orth, 2016, S. 94–95). Für mündliche Befragungen kommen verschiedene Orte infrage, wie zum Beispiel die Fußgängerzone oder Einkaufzentren, eine Befragung bei den Untersuchungspersonen zu Hause oder in ihrem Wirkungskreis wie dem Büro (Magerhans, 2016, S. 117). Heutzutage wird, nach Homburg (2020), bei der persönlich-mündlichen Befragung meistens kein Paper and Pencel Interviewing (PAPI) mehr eingesetzt, sondern das sogenannte Computer Assisted Personal Interviewing (CAPI). CAPI's haben den Vorteil, dass die Daten bereits in einer Datenbank gespeichert sind und nur noch in das Auswertungsprogramm übertragen werden müssen und somit keine Übertragung mehr durch Einscannen oder händische Übertragung stattfinden muss (Homburg, 2020, S. 291–292). Bei dieser Form der Befragung ist der besondere Vorteil des Interviewers zu nennen, da dieser bei Verständnisproblemen den Rezipienten entsprechend helfen kann (Stocké, 2019, S. 749). Eine ähnliche Technik gibt es, laut Homburg (2020), für die telefonische Befragung, das Computer Assisted Telephone Interviewing (CATI). Durch die automatische Anwahl eines Telefongesprächspartners kann der Interviewer

24

sich voll und ganz auf das Interview konzentrieren. Bei der CATI-Befragung werden die Fragen und Antwortoptionen direkt vom Monitor abgelesen und die Antwort(en) entsprechen eingetragen (Homburg, 2020, S. 292). Als Vorteile dieser Befragungsart beschreibt Hüfken (2019) die schnelle Verfügbarkeit der Daten, da diese Form der Untersuchung meistens nur wenige Tage dauert. Weiterhin werden die geringen Kosten erwähnt. Als Nachteile werden unter anderem die Erreichbarkeit von Personen ohne Telefon genannt und dass Befragte eher dazu neigen, sozialerwünschte Antworten zu geben (Hüfken, 2019, S. 761–762). Bei Online-Umfragen gibt es, nach Homburg (2020), zwei Arten von Befragungen. Entweder ist die Umfrage als E-Mail-Umfrage oder als WWW-Umfrage gestaltet. Eine E-Mail-Umfrage kommt dabei einer schriftlichen Befragung (postalische Zusendung) sehr nahe. Beide Formen der Umfrage sprechen den Rezipienten direkt an. Bei der WWW-Umfrage muss der Befragte jedoch eine große Eigeninitiative zeigen und zum Beispiel auf der Website eines Unternehmens einen Fragebogen ausfüllen oder auf den Link zu einer Website in den Sozialen Medien klicken, um anschließend zu dieser zu gelangen (Homburg, 2020, S. 293). Als großen Vorteil der Online-Befragung werden von Wagner-Schelewsky und Hering (2019) die Unabhängigkeit von Ort und Zeit genannt. Weiterhin können die Fragebögen interaktiv gestaltet werden und haben somit eine geringe Abbrecherquote im Vergleich zu PAPI. Zu diesen Elementen gehören zum Beispiel Schieberegler, Drag and Drop Elemente, um die Aussagen in eine Reihenfolge zu bringen oder multimediale Elemente wie Videos, Bilder oder Audioelemente. Ein weiterer Vorteil ist der Wegfall von Interviewer-Effekten und somit dem Effekt, dass die Befragten sozial erwünschte Antworten geben. Zudem liegen die Daten quasi in Echtzeit vor. Als großer Nachteil von Online-Befragungen muss jedoch ebenso genannt werden, dass die Erreichbarkeit aller Bürger immer noch eingeschränkt ist, da nicht jeder einen Computer und einen Internetanschluss zu Hause hat. So sind meistens ältere Menschen von dieser Form der Befragung ausgeschlossen (Wagner-Schelewsky & Hering, 2019, S. 788–789).

Nachfolgend wird ein Beispiel für deskriptive Forschung aufgezeigt. Für dieses Beispiel soll noch einmal die neue Software der Abrechnungszentrale für Hebammen aufgegriffen werden. Nachdem einige gute Ideen aus der vorherigen Gruppendiskussion in das Produkt eingeflossen sind, möchte das Marketing nun unter anderem wissen, wie hoch der Preis für dieses Produkt sein darf. Eine weitere Frage ist, ob die Hebammen eine solche Software eher auf dem Tablet-PC/Smartphone oder einen Laptop nutzen würden und ob dafür eine Offline-Version gewünscht wird. Die Befragung findet im Rahmen einer Online-Umfrage statt und richtet sich an alle Hebammen. Bei der Erfragung des Preises soll die

Hebamme einen Wert eingeben, den sie bereit ist, für dieses Tool zu zahlen. Aus diesen Daten wird anschließend das arithmetische Mittel gebildet und mit den eigenen Preisvorstellungen verglichen. Bei der Frage nach dem bevorzugten Endgerät gibt es fünf Auswahlmöglichkeiten: (1) Tablet-PC; (2) Smartphone; (3) Laptop, (4) mobiles Endgerät und Laptop sowie (5) weiß nicht. Dadurch ergibt sich ein gutes Bild, ob zusätzliche Gelder zum Beispiel für die Entwicklung einer App zur Verfügung gestellt werden sollten.

3.3 Kausale Forschung

Wie bereits erwähnt, kann mit der deskriptiven Forschung keine Ursache-Wirkungs-Beziehung identifiziert werden. Hierzu ist die kausale Forschung notwendig. Mithilfe dieser wird untersucht, wie sich y verhält, wenn sich x ändert (Burns et al., 2017, S. 102).

G. Raab, Unger und Unger (2009) weisen darauf hin, dass im Marketing nie alleine die Werbung für den Umsatz eines Produktes verantwortlich ist, sondern der komplette Marketing-Mix betrachtet werden muss. Um nun herauszufinden, ob die Werbung für den Erfolg oder Misserfolges eines Produktes verantwortlich ist, kann ein Experiment gemacht werden, in dem alle Störquellen ausgeschlossen werden (G. Raab et al., 2009, S. 27). Es muss ein genauer Ablaufplan festgelegt werden, sodass alle Teilnehmer an dem Experiment die gleichen Bedingungen vorfinden (A. E. Raab, Poost & Eichhorn, 2009, S. 44). A. E. Raab und Kollegen (2009) führen als Beispiel für ein solches Experiment an, dass in einem Ladengeschäft untersucht werden könnte, wie sich die Verpackung oder der Preis (unabhängige Variable) auf die Kaufbereitschaft oder das Image der Marke (abhängige Variable) auswirkt (S. 44). Grundsätzlich gelten die 4 P's (Produkt, Preis, Werbung und Ort) als unabhängige Variablen und abhängige Variablen gelten als eine Reaktion auf die Änderung der unabhängige Variable. Abhängige Variablen können demnach der Umsatz, der Marktanteil, die Kundenzufriedenheit, der Umsatzsatz der Vertriebsmitarbeiter, der Zeitaufwand vor Ort oder ein eindeutiger Nettogewinn sein (Burns et al., 2017, S. 102).

Nach Berekoven, Eckert und Ellenrieder (2004) muss die experimentelle Versuchsanordnung (1) die Störvariablen kontrollieren, (2) eine aktive Beeinflussung der interessierenden unabhängigen Variable möglich sein und (3) deren Einfluss auf die abhängige Variable muss exakt messbar sein (Berekoven et al., 2004, S. 156–157).

Um die Ursache-Wirkungs-Beziehung zu untersuchen, gibt es zwei Möglichkeiten: das Feldexperiment und das Laborexperiment. Bei Laborexperimenten werden, nach Burns und Kollegen (2017) eine oder mehrere unabhängige Variablen manipuliert und die Messung der abhängigen Variable in einer künstlichen Umgebung vorgenommen. Dadurch können die Störvariablen, die im Feld zusätzlich einen Einfluss auf die abhängige Variable haben, kontrolliert werden (Burns et al., 2017, S. 106). Dies geschieht zum Beispiel in dem in einer Experimentalgruppe nur Männer betrachtet werden und in einer anderen nur Frauen (Berekoven et al., 2004, S. 157). In einer Laborstudie könnten zum Beispiel zwei Gruppen bezüglich ihres Kaufverhaltens untersucht werden. Die eine Gruppe erhält im Warteraum Werbeplättchen mit dem Produkt, was im Testmarkt gekauft werden soll. Die andere Gruppe erhält im Vorfeld keine Werbung. Beide Gruppen erhalten dann die Aufgabe, ein bestimmtes Produkt im Testmarkt zu erwerben. Mithilfe dieses Experiments kann untersucht werden, wie und ob die Werbung das Kaufverhalten beeinflusst hat. Laut Burns und Kollegium (2017) sind Laboruntersuchungen deutlich kostengünstiger im Vergleich zu Feldexperimenten. Der Nachteil besteht jedoch darin, dass es eine künstliche Umgebung ist und die Ergebnisse nur bedingt auf die reale Welt übertragbar sind (Burns et al., 2017, S. 106).

Feldexperimente werden von Burns und Kollegen (2017) beschrieben, als Messungen, bei denen die unabhängige Variable manipuliert wird und die Wirkung auf die abhängige Variable untersucht wird. Diese Form des Experiments findet in der natürlichen Umgebung statt, wie zum Beispiel im Supermarkt, Einkaufszentrum oder bei dem Verbraucher zu Hause. Die Ergebnisse von Feldstudien sind deutlich besser auf die reale Welt anzuwenden wie die von Laboruntersuchungen. Jedoch sind Feldexperimente deutlich teurer und zeitaufwendiger. Weiterhin ist die Kontrolle von Störvariablen im Feld erschwert und es bedarf einer erhöhten Aufmerksamkeit des Untersuchungsleiters (Burns et al., 2017, S. 107).

Ein Beispiel für die Feldforschung bietet der kleine Ort Haßloch in der Pfalz. Nach Koch und Kollegium (2016) gibt es seit 1985 in diesem Ort eine Untersuchung mithilfe von Haushaltspanels. Haßloch repräsentiert weitestgehend die Bevölkerungsstruktur von Deutschland und eignet sich deshalb sehr gut, um Marktforschung im Feld zu betreiben. Die Haushalte sind alle voll verkabelt und der Einzelhandel hat Scannerkassen, die den Einkauf zur Auswertung erfassen. Um den Einkauf eines Haushaltes zu registrieren, muss jeder Haushalt seine eigene Identifikationskarte vorlegen. Durch gezielte Werbung möchte man herausfinden, ob die Konsumenten vermehrt dieses Produkt kaufen (Koch et al., 2016, Kap. 4.1.5).

Literaturverzeichnis

Alba, J. W. & Hutchinson, J. W. (2000). Knowledge Calibration: What Consumers Know and What They Think They Know. *Journal of Consumer Research*, *27*(2), 123–156. https://doi.org/10.1086/314317

Altobelli, C. F. (2017). *Marktforschung: Methoden, Anwendungen, Praxisbeispiele* (3.). Konstanz: UVK Verlag.

Bak, P. M. (2019). *Werbe- und Konsumentenpsychologie: Eine Einführung* (2.). Stuttgart: Schäffer-Poeschel Verlag.

Balzer, E. (2007). Standortbestimmung aus praktischer Perspektive. In G. Naderer & E. Balzer (Hrsg.), *Qualitative Marktforschung in Theorie und Praxis: Grundlagen, Methoden und Anwendung* (1., S. 4–14). Wiesbaden: Gabler. https://doi.org/10.1007/978-3-8349-9262-8

Berekoven, L., Eckert, W. & Ellenrieder, P. (2004). *Marktforschung: Methodische Grundlagen und praktische Anwendung* (10.). Wiesbaden: Gabler Verlag. https://doi.org/10.1007/978-3-663-05734-5

Burns, A. C., Veeck, A. & Bush, R. F. (2017). *Marketing Research* (8.). Harlow: Pearson.

Döring, N. & Bortz, J. (2016). *Forschungsmethoden und Evaluation in den Sozial- und Humanwissenschaften* (5.). Berlin, Heidelberg: Springer-Verlag. https://doi.org/10.1007/978-3-642-41089-5

Felser, G. (2015). *Werbe- und Konsumentenpsychologie* (4.). Berlin, Heidelberg: Springer-Verlag. https://doi.org/10.1007/978-3-642-37645-0

Foscht, T., Swoboda, B. & Schramm-Klein, H. (2017). *Käuferverhalten: Grundlagen - Perspektiven - Anwendungen* (6.). Wiesbaden: Springer Fachmedien. https://doi.org/10.1007/978-3-658-17465-1

Hoffmann, S. & Akbar, P. (2019). *Konsumentenverhalten: Konsumenten verstehen - Marketingmaßnahmen gestalten* (2.). Wiesbaden: Springer Fachmedien. https://doi.org/10.1007/978-3-658-23567-3

Holzmüller, H. H. & Buber, R. (2009). Optionen für die Marketingforschung durch die Nutzung qualitativer Methodologie und Methodik. In R. Buber & H.H. Holzmüller (Hrsg.), *Qualitative Marktforschung: Konzepte - Methoden - Analysen* (2., S. 3–20).

Wiesbaden: Gabler. https://doi.org/10.1007/978-3-8349-9441-7

Homburg, C. (2020). *Marketingmanagement: Strategie - Instrumente - Umsetzung - Unternehmensführung* (7.). Wiesbaden: Springer Fachmedien. https://doi.org/10.1007/978-3-658-29636-0

Hüfken, V. (2019). Telefonische Befragung. In N. Baur & J. Blasius (Hrsg.), *Handbuch Methoden der empirischen Sozialforschung* (2., S. 757–768). Wiesbaden: Springer Fachmedien. https://doi.org/10.1007/978-3-658-21308-4_52

Izard, C. E. (1999). *Die Emotionen des Menschen: Eine Einführung in die Grundlagen der Emotionspsychologie* (4.). Weinheim: Beltz.

Koch, J., Gebhardt, P. & Riedmüller, F. (2016). *Marktforschung: Grundlagen und Praktische Anwendungen* (7.). Berlin, Boston: Walter de Gruyter.

Kreutzer, R. T. (2017). *Praxisorientiertes Marketing: Grundlagen - Instrumente - Fallbeispiele* (5.). Wiesbaden: Springer Fachmedien. https://doi.org/10.1007/978-3-658-09473-7

Kroeber-Riel, W. & Gröppel-Klein, A. (2019). *Konsumentenverhalten* (11.). München: Verlag Franz Vahlen.

Kuß, A. & Kleinaltenkamp, M. (2020). *Marketing-Einführung: Grundlagen - Überblick - Beispiele* (8.). Wiesbaden: Springer Fachmedien. https://doi.org/10.1007/978-3-658-29512-7

Kuß, A., Wildner, R. & Kreis, H. (2018). *Marktforschung: Datenerhebung und Datenanalyse* (6.). Wiesbaden: Springer Fachmedien. https://doi.org/10.1007/978-3-658-20566-9

Magerhans, A. (2016). *Marktforschung: Eine praxisorientierte Einführung* (1.). Wiesbaden: Springer Fachmedien. https://doi.org/10.1007/978-3-658-00891-8

Mayer, H. O. (2005). *Einführung in die Wahrnehmungs-, Lern- und Werbepsychologie* (2.). München, Wien: R. Oldenbourg Verlag.

Orth, H. (2016). *Konsumverhalten* (3.). Studienbrief der SRH Fernhochschule, Riedlingen.

Pispers, R., Rode, J. & Fischer, B. (2018). *Neuromarketing im Internet: Gehirngerechtes Kundenerlebnis in der digitalen Welt* (3.). Freiburg, München, Stuttgart: Haufe Group.

Raab, A. E., Poost, A. & Eichhorn, S. (2009). *Marketingforschung: Ein praxisorientierter Leitfaden* (1.). Stuttgart: Kohlhammer.

Raab, G., Unger, A. & Unger, F. (2009). *Methoden der Marketing-Forschung: Grundlagen und Praxisbeispiele* (2.). Wiesbaden: Gabler.

Rosenberg, M. J. & Hovland, C. I. (1960). Cognitive, affective, and behavioural components of attitudes. In C.I. Hovland & M.J. Rosenberg (Hrsg.), *Attitude organization and Change: An analysis of consistency among attitude components* (S. 1–14). New Haven: Yale University Press.

von Rosenstiel, L. & Frey, D. (2007). *Marktpsychologie* (1.). Göttingen, Bern, Toronto, Seattle: Hogrefe.

Sander, M. (2019). *Marketing-Management: Märkte, Marktforschung und Marktbearbeitung* (3.). München: UVK Verlag.

Singh, R. K., Göritz, A. S. & Moser, K. (2002). Methoden der psychologischen Marktforschung. In K. Moser (Hrsg.), *Markt- und Werbepsychologie: Ein Lehrbuch* (1., S. 161–178). Göttingen, Bern, Toronto, Seattle: Hogrefe. https://doi.org/10.1007/978-3-662-43576-2_10

Statt, D. A. (1997). *Understanding the Consumer: A psychological Approach* (1.). London: MacMillian Press Ltd.

Steffen, A. & Doppler, S. (2019). *Einführung in die Qualitative Marktforschung: Design - Datengewinnung - Datenauswertung* (1.). Wiesbaden: Springer Fachmedien. https://doi.org/10.1007/978-3-658-25108-6

Stocké, V. (2019). Persönlich-mündliche Befragung. In N. Baur & J. Blasius (Hrsg.), *Handbuch Methoden der empirischen Sozialforschung* (2., S. 745–756). Wiesbaden: Springer Fachmedien. https://doi.org/10.1007/978-3-658-21308-4_51

Stoltman, J. J. & Gentry, J. W. (1992). Using focus groups to study houshold decision processes and choices. In R.P. Leone & V. Kumar (Hrsg.), *AMA Educator's Conference Proceedings, Vol. 3. Enhancing knowledge development in marketing* (S. 257–263). Chicago: American Marketing Association.

Trommsdorff, V. (2008). *Konsumentenverhalten* (7.). Stuttgart: Kohlhammer.

Vogl, S. (2019). Gruppendiskussion. In N. Baur & J. Blasius (Hrsg.), *Handbuch*

Methoden der empirischen Sozialforschung (2., S. 695–700). Wiesbaden: Springer Fachmedien. https://doi.org/10.1007/978-3-658-21308-4_46

Wagner-Schelewsky, P. & Hering, L. (2019). Online-Befragung. In N. Baur & J. Blasius (Hrsg.), *Handbuch Methoden der empirischen Sozialforschung* (2., S. 787–800). Wiesbaden: Springer Fachmedien. https://doi.org/10.1007/978-3-658-21308-4_54

Wolff, H.-G. & Moser, K. (2002). Kaufentscheidungen. In K. Moser (Hrsg.), *Markt- und Werbepsychologie: Ein Lehrbuch* (1., S. 29–49). Göttingen, Bern, Toronto, Seattle: Hogrefe. https://doi.org/10.1007/978-3-662-43576-2_3

Internetverzeichnis

Amazon. (2020a). Cottonelle Feuchtes Toilettenpapier Kids Nachfüllpack. *Amazon.* Verfügbar unter: https://www.amazon.de/Cottonelle-Feuchtes-Toilettenpapier-Kinder-Nachf%C3%BCllpack/dp/B00SYHRJK0

Amazon. (2020b). Amazon-Suche. Verfügbar unter: https://www.amazon.de/Die-App-kennen-wohnst-Psychothril-ler/dp/3596703557/ref=sr_1_1?__mk_de_DE=%C3%85M%C3%85%C5%BD%C3%9 5%C3%91&dchild=1&keywords=strobel+die+app&qid=1605112155&sr=8-1

Amazon. (2020c). Konsumentenverhalten. Verfügbar unter: https://www.amazon.de/Konsumentenverhalten-Pearson-Studium-Economic-BWL/dp/3868942564/ref=sr_1_1_sspa?__mk_de_DE=%C3%85M%C3%85%C5%BD %C3%95%C3%91&crid=3I5FO8AM2PHJK&dchild=1&keywords=konsumentenver-halten&qid=1605519622&sprefix=Konsumenten%2Caps%2C208&sr=8-1-spons&psc=1&spLa=ZW5jcnlwdGVkUXVhbGlmaWVyPUExSk8zTVoxST-ZET085JmVuY3J5cHRlZElkPUEwNTgxNjU3M0Q1TDFFOFg3TkxWRiZ-lbmNyeXB0ZWRBZElkPUEwMzg2Nzc4MlRaNTZHRFdMN1ZTQyZ3aWRn-ZXROYW1lPXNwX2F0ZiZhY3Rpb249Y2xpY2tSZWRpcmVjdCZkb05vdExvZ0Nsa WNrPXRydWU=

BMW AG. (2020). Born Electric: Die BMW i Modelle im Überblick. Verfügbar unter: https://www.bmw.de/de/neufahrzeuge/bmw-i.html

Bose. (2020). Sleepbuds II mit Weckfunktion | Bose. Verfügbar unter: https://www.bose.de/de_de/products/headphones/noise_masking_sleepbuds/noise-mas-king-sleepbuds-ii.html#v=noise_masking_sleepbuds_ii_white

EDEKA Weihnachtsclip - #heimkommen. (2015). . Verfügbar unter: https://www.youtube.com/watch?v=V6-0kYhqoRo

Euronics Trendblog. (2020). Bose Sleepbuds zu verlosen. Verfügbar unter: https://www.google.com/imgres?imgurl=https%3A%2F%2Ftrendblog.euro-nics.de%2Fwp-content%2Fuploads%2F2018%2F10%2FBose-Sleepbuds.png&im-grefurl=https%3A%2F%2Ftrendblog.euronics.de%2Fin-eigener-sache%2Fbose-sleepbuds-zu-verlosen-

67459%2F&tbnid=iG1CMGX88lBc8M&vet=12ahUKEwih6LfxoPXsA-
hUM16QKHdO2CYAQMyhiegUIARDiAQ..i&docid=Hz9cdV274Wv-
mM&w=1200&h=627&q=werbung%20bose%20sleep&client=firefox-b-d&ved=2ahU-
KEwih6LfxoPXsAhUM16QKHdO2CYAQMyhiegUIARDiAQ

Gianna. (2015). Die Hauptdarsteller im letzten Plakatvoting lauten: München, Frankfurt
und Essen. *Ritter Sport Blog*. Verfügbar unter: https://www.ritter-
sport.de/blog/2015/09/30/plakatvoting-muenchen-frankfurt-essen/#

Google. (2020). Lastenrad Modelle. *Google*. Verfügbar unter:
https://www.google.com/search?client=firefox-b-
d&ei=sw6sX6y9CoG1sAeq_YFQ&q=lastenrad+modelle&oq=lastenrad+mo-
delle&gs_lcp=CgZwc3ktYWIQAzICCAAyBggAEBYQHjIGCAAQFhAeOgQIABB-
HOgQIABBDULzIBFjn1QRgodoEaABwAngAgAFgiAGvBZIBA-
TiYAQCgAQGqAQdnd3Mtd2l6yAEIwAEB&sclient=psy-ab&ved=0ahU-
KEwjs4rWa8vrsAhWBGuwKHap-AAoQ4dUDCAw&uact=5

Heymannbrandt. (o. J.). BSR Kampagne mit Erfolg: Wir bringen das in Ordnung -
HBDG. *Heymann Brandt*. Verfügbar unter: https://www.heymannbrandt.de/kampagnen-
element/wir-bringen-das-in-ordnung/

POLIVOX Werbeagentur. (2015). Verführerisch günstig. Verfügbar unter: https://po-
livox.de/index.php/aktuelles/33-archive/45-bmw-kampagne